Erik Rønholt
Mine østtyske livretter

AF670135

Forlaget Cornelia

Mine østtyske livretter

Trykt hos Books On Demand, Tyskland
Tekst: Erik Rønholt
Foto og tegninger: Erik Rønholt

ISBN 978-87-972656-1-1

Andre bøger af Erik Rønholt:

Spil guitar sammen, NNF 1984
Julesjov, NNF 1985 & 1986
Nemme kortspil, NNF 1986
Leg og spil, NNF 1987
Julerier, NNF 1988
Raflebogen, NNF 1989
Læg en kabale, NNF 1989
Lege for voksne, NNF 1990
Papirfoldning, NNF 1990
Kortspil og spillekort, NNF 1992
Familiens bog – om lege og traditioner, Høst & Søn 1993 & 2003
Leg med papir, NNF 1993
Brætspil, NNF 1994
Familiens store aktivitetsbog (Norsk), Aventura 1995
Papirfly, Cornelia 1995
Tricks, fiduser og narrestreger, Cornelia 1998
Dansk Musikpædagogisk Forening 100 år, DMpF 1998
Bogen om pétanque, L&R 1999
Den store spillebog, L&R 2000 & 2003
Den store spilboka (Norsk), J. W. Cappelen, 2001 & 2004
Have- og skovtursspil, Cornelia 2003
Nemme foldede dyr, Cornelia 2003
Familiens gør-det-selv, Politiken & GB 2006 (sammen med Jens Kam)
Papirfly, Cornelia 2012
Hjulmanden fortæller, Cornelia 2012
Jakobs Hus, Cornelia 2012
Franske bagateller, Cornelia 2013
Papirbåde, Cornelia 2013
Toiletpapirfoldning, Cornelia 2013
Håndbog for pétanquespillere, Cornelia 2014
Papirflieger (Tysk), Cornelia 2014
Juletræspynt, Cornelia 2015
Snydt igen!, Cornelia 2016
Mine franske livretter, Cornelia 2018
Terningspil for børn, Cornelia 2019
Kortspil for børn, Cornelia 2019

Forlaget Cornelia

Birkedommervej 29, Vester Egede, 4690 Haslev, tlf. 60 93 92 18
hyggekonsulenten@gmail.com
www.hyggekonsulenten.mono.net

Opskrifter

Snack med syltet agurk	6
Gurkenjoghurt-cocktail	7
Soljanka	8-9
Bismarckhering	10-11
Bismarckbrot	11
Seemannsfrühstück	12
Marineret røget makrel	13
Warnemünde-kuller	14-15
Gratineret fisk	16-17
Selleriesalat	18-19
Kyllingelever med hvidvin	20
Bagt blomkål	21
Asparges	22-26
Asparges med smørsauce	23
Gratineret asparges	24-25
Gratineret asparges med skinke	25
Agurkesalat	27
Ansjospålæg	27
Hackepeter	28
Bratwursthappen	29
Currywurst	30-33
Kartoffelpuffer	34-35
Gullasch mit Pilze	36
Bauernroulade	37
Himmel und Erde	38-39
Tote Oma	40
Sülzplatte	41
Königsberger Klopse	42-43
Jägerschnitzel	44-45
Jägertatar	45
Schwalbennester	46-47
Berliner Hoppelpoppel	48-49
Krawallkuchen	50-51
Små æblekager	52-53
Windbeutel	54-55
Æggelikør	56
Æggekaffe	57
Blonder Engel	57
Mecklenburger Nicholaschka	58
Pillkaller	59
Möwenschiß	60
Schlappschwanz	60
Koks	61
Grüne Wiese	62

Forord

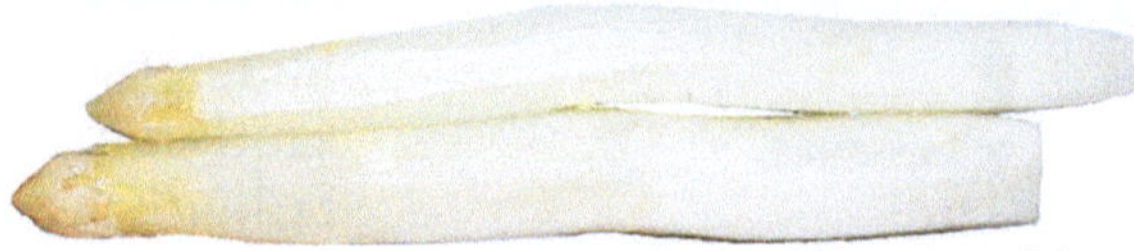

Der er mange fordomme om østtysk mad, som mange forbinder med kedelig og gammeldags mad, men det er langt fra sandheden. Naturligvis er noget af maden noget rustik set med vores øjne, men det er ikke nødvendigvis kedeligt. Herhjemme støder vi på mange opskrifter med nostalgiske navne som mormorsalat, mormordressing, oldemors frikadeller osv., og folk er gladeligt begyndt at spise middelalderkost og stenaldermad, så hvorfor ikke prøve DDR-mad og -drikke?

Jeg har rejst meget i mange egne af det gamle østtyskland, som består af delstaterne Mecklenburg-Vorpommern, Brandenburg (med Berlin), Sachsen, Sachsen-Anhalt og Thüringen. De tre førstnævnte grænser op til Polen, og det østtyske køkken er stærkt påvirket af den østeuropæiske madtradition og ikke mindst den russiske. Der er retter, som hører til en bestemt egn, men der er også mange, som var og er populære overalt, naturligvis med lokale forskelle.

Kort over Østtyskland DDR

I DDR-tiden var der jo nogen vareknaphed, men nød lærer nøgen kvinde at spinde, og østtyskerne var fantastisk opfindsomme, når de ikke kunne få de varer, de skulle bruge. Man sagde, at hvis der var en kø, stillede de sig op i den, for der var sikkert noget i den anden ende, som man havde brug for. Mange af bogens opskrifter er baseret på de traditionelle råvarer som kartofler, løg, æg og andre ting, som var til at skaffe. Af krydderier brugtes meget paprika og kommen, og tomatpuré indgår i mange opskrifter.

Der er i bogen nok enkelte retter, som har mere kulturhistorisk end kulinarisk interesse, men lad ikke det afskrække jer, for der er meget ganske opfindsomt, virkeligt velsmagende og lækkert at hente.
Det er ikke kun nostalgi – eller Ostalgie, som det kaldes, men også god mad. Ofte bliver vores gæster forbløffede over at høre, at den lækre mad, de får serveret, stammer fra Østtyskland.

Opfindsomheden gælder også retternes navne, som ofte har meget humor og selvironi. Eksempelvis "Tote Oma" (død bedstemor) og "Schlappschwanz", som selvklart betyder slapsvans.

Når man rejser i disse smukke egne i dag, støder man naturligvis på restauranter med vestligt inspireret internationalt køkken, men man kan finde mange hyggelige steder, hvor den originale mad kommer på bordet.

Jeg har forsøgt at komme vidt omkring med snacks, forretter, fiskeretter, kødretter, kager, desserter, og jeg har også medtaget nogle populære drikke, hvoraf nogle er endog meget spændende.
Mit håb er, at bogen kan give inspiration til at gå i gang med DDR-mad, eller måske tage til det gamle østtyskland, hvor der også er meget andet spændende end maden. Og det er jo vores nærmeste nabo mod syd.

Praktiske bemærkninger

Mængder
Som i de fleste kogebøger er opskrifterne baseret på fire personer, hvis andet ikke er skrevet.

Smør
I DDR brugte man mange slags fedtstof i madlavningen, blandt andet svinefedt, smør, margarine og olie. I mange af opskrifterne kan man bruge både det ene og det andet, så af nemhedsgrunde skriver jeg blot smør, med mindre der specifikt *skal* bruges noget andet.

Creme fraiche
På samme måde brugtes forskellige syrnede mælkeprodukter, som jeg for nemheds skyld har benævnt creme fraiche.

Guten appetit!

Snack med syltet agurk

Spreewaldagurker er et helt kapitel for sig. Overalt i DDR dyrkede man agurker, men specielt området Spreewald små 100 km sydøst for Berlin er berømt for sine agurker. De syltede agurker er delstaten Brandenburgs største eksportvare. I supermarkederne i hele det østlige Tyskland kan man finde massevis af Spreewaldagurker – syltede, saltede agurker – hylde efter hylde – forskellige fabrikater, forskellige størrelser, tilsat forskellige krydderier – og de er både meget lækre og billige.

I filmen Goodbye Lenin spiller Spreewaldagurkerne en væsentlig rolle, men i mange andre østlande dyrker man også store mængder agurker, og denne opskrft er også populær i flere østlande og Rusland.

Spreewaldagurker er ikke så lige til at få fat på herhjemme, men så brug et almindeligt glas syltede agurker – men endelig ikke de små cornichoner.

Ingredienser

Syltede agurker
1 lille bæger creme fraiche
2 spsk flydende honning

Tilberedning

1
Rør honningen godt ud i creme fraichen.

2
Skær agurker i tykke skiver
og bland dem i creme fraiche-honningblandingen.

Servering

Spises med pindemadspinde.

Gurkenjoghurt-Cocktail

Til denne opskrift er det ikke de lækre syltede agurker, der skal bruges, men en ganske almindelig frisk agurk.
Det er en cremet drik, som er en let og sund forfriskning.

Ingredienser

1 stor agurk
3-4 dl yoghurt naturel
Et lille nip salt
Et lille nip sukker
Purløg

Tilberedning

1
Flæk agurken på langs, skrab kernerne ud og skær den i tern.

2
Blend agurkestykker og yoghurt, salt og sukker og drys med klippet purløg.

Servering

Serveres i høje glas.
Det, at man skraber kernerne ud, gør, at agurkesmagen bliver kraftigere.

Soljanka

Når man hører ordet Soljanka, tænker mange nok først og fremmest på Rusland, og denne dejlige, syrlige, krydrede suppe stammer også fra Rusland og Ukraine, hvor den er en yndet spise. Men den rangerer også højt på listen over populære østtyske retter, så derfor hører den også hjemme i denne bog. Der kan være forskellige slags kød eller fisk i suppen, men der skal under alle omstændigheder være syltede agurker, syltede peberfrugter, løg og tomater. Denne opskrift passer til fire-seks personer, men lav eventuelt en større portion, for som mange andre supper er Soljanka en velegnet ret til nedfrysning.

Ingredienser

500 g hamburgerryg
200 g jagtpølse
125 g tomater
2-3 store løg
1 lille glas syltede agurker
1 lille glas syltede peberfrugter
Salt
Peber
Olie
Paprika
2 fed hvidløg
Grøntsagsbouillon
Tomatpuré
Citronbåde
1 bæger creme fraiche

Hvidløgsbrød:
Brødskiver – ikke nødvendigvis friskbagt
Finthakket persille
Knust hvidløg efter behag
Smør

Tilberedning

1
Skær hamburgerryg, jagtpølse og tomater ud i små tern.

2
Hak løg, syltede agurker og syltede peberfrugter fint.

3
Krydr hamburgerryg med salt og peber og brun det i en gryde i olien.

4
Smag til med paprika og tilsæt jagtpølse, løg og presset hvidløg.

5
Tilsæt tomater, syltede agurker og syltede peberfrugter.

6
Hæld vand eller grøntsagsbouillon på til det dækker, og lad det hele koge i ca. 30 minutter, til kødet er mørt.

8
Tilføj tomatpuré og måske vand, til suppen har en passende konsistens.

9
Giv suppen et sidste opkog.

Servering

Suppen serveres rygende varm med citronbåde, creme fraiche og hvidløgsbrød til.

Hvidløgsbrødet

1
Rør presset hvidløg og finthakket persille med blødt smør og smør det på brødskiverne.

2
Varm brødet i ovnen.

Bismarckhering

Om Bismarck og Bismarckhering/Bismarksild.

Otto von Bismarck, rigskansler i det tyske kejserrige fra 1871 til 1890, skulle engang have udtalt, at hvis sild var lige så dyrt som kaviar, ville folk værdsætte det mere.
Det havde han nok ret i.

Historien bag Bismarcksild:
Fiskehandler Johan Wiechmann flyttede i 1870 til Stralsund, og her udviklede han en opskrift på en dejlig sild. Wiechmann var en stor beundrer af Bismarck, så han sendte en lille tønde med sin sild til rigskansleren og spurgte, om han måtte have lov at kalde den for Bismarckhering. Bismark blev ganske begejstret for sildene, og Wiechmann fik sin tilladelse.
Man er virkelig en betydningsfuld person, når man får opkaldt både en sild og et bolsje efter sig (Bismarckklump).

Under 2. verdenskrig gik den originale sildeopskrift imidlertid op i luer, men i dag er der heldigvis én person, der kender den. Det er fiskehandler Henry Rasmus i Stralsund, som har en hyggelig butik, hvortil folk valfarter for at købe Bismarcksild og mange andre lækre ting.
Opskriften vogtes lige så nøje som opskriften på Coca-Cola, og mange har forsøgt at eftergøre den. Dette er altså ikke opskriften på den originale Bismarcksild, men det er i hvert fald en opskrift på en velsmagende efterligning.

En rigtig Bismarcksild skal være en sild fra Østersøen, da de skulle være bedre end dem fra Nordsøen, men hvis vi vil lave retten, må vi nok tage de sild, vores fiskehandler har at byde på.
"En sild er en sild" sagde manden – han tog den største.

Ingredienser

8-10 sildefiletter
1/2 l eddike + 1/2 l vand
2 tsk salt
6 peberkorn
6 enebær (Wacholderbeer)
2 tsk sennepskorn
2 laurbærblade
2 tsk sukker
1 stort løg
Brötchen
Syltede agurker

Bismarckbrot

Tilberedning

1
Bland eddike og vand og tilsæt salt, peber, enebær, sennepskorn, laurbærblade og sukker.

2
Skær løget i skiver, kom dem i, giv blandingen et opkog og lad den køle af.

4
Læg sildene i en beholder og hæld dressingen over.

5
Lad silden trække i tre døgn, og så er den klar.

Bismarckbrot

Disse skønne sild spises på mange måder, på en skive brød eller med kartofler til, men den helt rigtige måde er simpelthen som Bismarckbrot:

Flæk brødet (Brötchen eller en sprød bolle) og læg en Bismarcksild, løgringe fra lagen og nogle skiver saltagurk på, læg den sammen og spis.
Mange lægger et salatblad på brødet inden sild og de øvrige ingredienser.

Seemannsfrüstück

"Sømandens morgenmad" er en himmelsk start på dagen, men mange vil måske foretrække den til frokost.

Ingredienser

Røgede fileter af fx makrel eller kippers
Olie
Smør
2-3 hakkede løg
4 æg
4-5 spsk mælk
Salt
Peber
Purløg eller andet grønt

Tilberedning

1
Brun fileterne på en pande i smør og olie, vend dem forsigtigt og drys de hakkede løg over.

3
Pisk æg, mælk og salt sammen og hæld det over fisken.

4
Drys godt med peber over og lad æggemassen størkne ved svag varme.

Servering

Serveres med et grønt drys og med hvidt brød til.
Hvis man spiser det om morgenen, kan man drikke en kop kaffe til, men som frokostret passer en mørk øl godt.

Marineret røget makrel

Denne ret kan måske se lidt hidsig ud, men det er aldeles velsmagende måde at servere røget makrel på.
Rødbede og peberrod passer virkelig godt til den røgede smag.

Ingredienser

2 røgede makreller
1/2 dl olie
1/4 dl vineddike
2 store løg
1 bundt purløg
150 g rødbede
50 g peberrod
2 1/2 dl creme fraiche
Salt

Tilberedning

1
Først skal makrellerne fileteres og hoved, hale, finner og skind tages af dem.

2
Bland olie, vineddike, salt, peber, revet løg og fintsnittet purløg sammen og lad makrelfileterne trække deri i 4-5 timer.

3
Riv rødbederne og peberroden og bland begge dele i creme fraichen.

4
Læg makrelfileterne på tallerknerne og hæld den røde peberrodsfløde over.

Tilbehør

Makrellen kan serveres enten med noget groft brød til eller også med kogte eller brasede kartofler.

Warnemünde-kuller

Warnemünder Schellfischauflauf hedder denne ret. Schellfisch betyder kuller, og Auflauf betyder gryderet. Den laves traditionelt med kuller, men kan også laves med torsk eller sej.

Ingredienser

3/4 kg kullerfilet
2-3 skiver gammelt franskbrød
1 dl mælk
2 æg
4 spsk smør
2 spsk hakkede kapers
1 spsk sennep
Godt med hakket persille
Salt
Peber
Rasp

Til sennepssaucen:

50 g smør
50 g mel
2 spsk sennep
1 tsk eddike
1/2 l bouillon eller fiskefond
1 tsk sukker
1/2 tsk salt

Tilberedning

1
Blød franskbrødet op i mælken og tryk væsken godt ud af det.

2
Kør fisken gennem kødhakkeren og bland brødet i fiskemassen.

3
Tilsæt æg, 2 spsk af smørret, kapers, sennep, persille, salt og peber og bland det hele godt sammen og læg det i et smurt ildfast fad.

4
Drys et tyndt lag rasp over og læg resten af smørret på i klatter.

5
Bag retten i 20 minutter ved 200°.

Sennepssaucen

1
Smelt smørret og rør melet godt ud i det.

2
Rør sennep og eddike i og spæd lidt efter lidt med bouillonen.

3
Tilsæt salt og sukker og giv det et opkog.

Servering

Kulleren serveres med kogte kartofler og sennepssaucen.

Gratineret fisk

Som så mange andre DDR-retter indeholder denne lækre fiskeret syltede agurker, og det giver den et syrligt pift og gør retten lidt mindre tung. Under ingredienser har jeg bare skrevet fiskefileter, for man kan bruge mange forskellige slags fisk, så der er frit valg. Kuller (Schellfisch) eller torsk (Kabeljau) er meget velegnede, men der er som sagt intet i vejen for at bruge andre arter.

Ingredienser

500 g kogte kartofler
500 g fiskefilet
3 syltede agurker
3 løg
1-2 fed hvidløg
Smør
Salt
Peber
Worcestershire-sauce
1 bundt persille
200 g revet ost
Syltede rødbeder

Tilberedning

1
Kog kartoflerne og skær dem i tynde skiver.

2
Kog fisken i 3-4 minutter og del den i mindre stykker.

3
Skær agurkerne i tynde skiver.

4
Skær løgene i fine ringe og svits dem i smørret med knuste eller finthakkede hvidløg.

5
Smør et ildfast fad og læg kartoflerne i bunden, derpå fisken, så løg og agurk.

6
Drys med salt og peber og stænk med Worcestershire-sauce.

7
Hak persillen og fordel den sammen med den revne ost ud over retten og læg smørklatter på.

8
Kom fadet i ovnen ved 200° og retten i 12-15 minutter ved 200°. Osten skal være smeltet og have fået farve.

Tilbehør

Agurkesalaten på side 27 passer perfekt til denne ret, men man kan også fint bruge rødbeder, asier eller andet surt.

Sellerisalat

Denne friske sellerisalat kaldes Brandenburger Selleriesalat eller Mecklenburger Selleriesalat alt efter hvilken delstat, man befinder sig.
Denne friske salat skal smages til med Weinbrand, men pas på at dressingen ikke bliver for tynd.
Ligger man ikke lige inde med Weinbrand, må man ty til noget uorginalt som fx cognac. Læs om Weinbrand i faktaboksen på side 61.

Retten er en god udnyttelse af et stykke flæskesteg fra dagen før, men man kan bruge andre kødrester, og i det hele taget varieres retten med mængderne af løg, æbler og æg. De nævnte mængder er altså vejledende, men ligger i hvert tilfælde tæt op af en standard sellerisalat.
Jeg synes, at selleri ofte kan være dominerende i en ret, men denne sellerisalat er fint afstemt med de mange andre ingredienser.

Salaten kan spises, som den er, med brød til, men man kan også lade være med at komme kød i og så servere den som tilbehør til flæskesteg eller forskelligt andet kød.

Ingredienser

400 g knoldselleri
200 g flæskesteg
4 spsk mayonnaise
4 spsk yoghurt (eller creme fraiche)
3 æg
2 æbler
1 løg (kan udelades)
Salt
Peber
1 citron
1 sjat Weinbrand (eller cognac)
Nødder eller mandler

Tilberedning

1
Kog æggene i 10 minutter og lad dem køle af.

2
Pres saften af hele citronen og bland saften i en skål med lige så meget vand.

2
Rør mayonnaise og yoghurt og smag til med salt, peber og weinbrand.

3
Skær flæskestegen og løget i små stykker og hak ægget.

4
Skræl æblerne, tag kernehuset ud og skær det i små stykker. Kom straks æblerne i vandet med citronsaft, så de ikke bliver brune og kedelige.

5
Gør sellerien i stand, riv den og put den i skålen med æbler og bland godt.

4
Bland selleri, æbler, flæskesteg, æg og løg godt sammen med dressingen.

5
Hak mandler eller nødder og drys over retten.

Kyllingelever med hvidvin

Ingredienser

1 pakke frossen kyllingelever
1 stort løg
50 g stegefedt (eller smør)
Peber
Timian
1 1/2 dl hvidvin
Salt

Tilberedning

1
Rens den optøede kyllingelever meget sirligt for hinder og sener.

2
Skær løget i så fine ringe som muligt og steg dem i fedt eller smør, til de bliver klare. De skal ikke brunes.

3
Drys godt med peber og timian på. Men ikke salt! Hvis man kommer salt på leveren under stegningen, kan den blive hård.

4
Hæld hvidvinen ved og kom leverstykkerne på panden. Steg videre til leveren ikke længere ser rød eller blodig ud.

Tilbehør

Kogte kartofler og en grøn salat passer fint til kyllingelever med hvidvin.

Servering

Leveren skal først saltes ved serveringen. Man kan også lade folk selv salte efter behag ved bordet.

Bagt blomkål

Denne opskrift stammer fra måske den mest populære østtyske tv-kok Kurt Drummer, som fra 1958 og i 25 år frem viste mange dejlige retter.

Ingredienser

1 blomkål
100 g pumpernickel
100 g revet ost
½ l mælk
3 æggeblommer
Muskat
Salt
1 bundt persille

Tilberedning

1
Del blomkålen i buketter og blancher dem 5 minutter i let saltet vand.

2
Hak pumpernickel fint og bland den med den revne ost, hæld mælken ved blandingen og rør det hele godt sammen med æggeblommerne.

4
Smag til med muskat, salt og hakket persille.

5
Smør et ildfast fad, arranger blomkålen deri og hæld blandingen over.

6
Bag blomkålen i 20 minutter ved 2oo°. Overfladen skal være lidt fast og brun.

Tilbehør

Spis kogte ris til.

Asparges – Spargel

Da jeg var barn, kendte man kun hvide asparges – og det var ofte fra glas eller dåse og meget tit serveret som tarteletfyld eller som høns i asparges. I Europa regnes de hvide asparges for de fineste og bedste, men mange andre steder i verden ville man ikke drømme om at spise andet end de grønne. De hvide dyrkes fra Danmark og sydpå, men de bedste aparges dyrkes i et bredt bælte gennem Polen, Tyskland og Frankrig nogenlunde på højde med Berlin.

Aspargessæsonen varer fra sidst i april til Sankt Hans, og efter denne dag er det nærmest en helligbrøde at stikke asparges.
Min kone og jeg har i en årrække med nogle venner taget på deciderede aspargesture til forskellige steder i Tyskland, hvor vi spiser asparges i kilovis i 3-4 dage og hjemtager friske asparges til os selv og familien.

Der findes forskelligt udstyr til asparges. Først og fremmest aspargesskrællere, men har man ikke sådan en, kan man bare bruge en kartoffelskræller.
Man kan koge dem i enhver gryde, men man har specielle høje asparges-gryder med et net i, så aspargesene står op; og så skal der kun så meget vand i gryden, at aspargeshoved-erne stikker op af vandet. De skal nemlig helst ikke have helt så meget kogning som resten.

Kogetid.
Spørgsmålet om, hvor længe man skal koge hvide aspar-ges er noget, der kan bringe sindene i kog (om jeg så må sige). Nogle vil have dem kogt i 20 minutter og andre helt ned til 2 minutter. Jeg foretrækker selv 7-9 minutter.

Her har vi aspargesudstyret: aspargesgryde med net til as-parges samt aspargesskræller forrest i billedet.

Asparges med smørsauce

En anekdote fra 1600-tallet fortæller om en fransk videnskabsmand, Fontanelle, som skulle have sin ven abbed Terrascon til middag. Forretten var asparges.
De elskede begge asparges, men var dybt uenige om, hvordan de skulle serveres. Fontanelle ville blot have dem serveret med smeltet smør, hvorimod abbeden foretrak dem med vineddike. Kokken fik så besked på at servere halvdelen med smør og halvdelen med vineddike. Lige før de skulle gå til bords blev abbeden dårlig og faldt om på gulvet, og Fontanelle, som indså, at abbedden nok ikke var i stand til at gennemføre middagen, råbte ud til kokken: "Det hele med smør! Det hele med smør!"
Saucen her er måske lidt mere spændende end blot smeltet smør.

Ingredienser

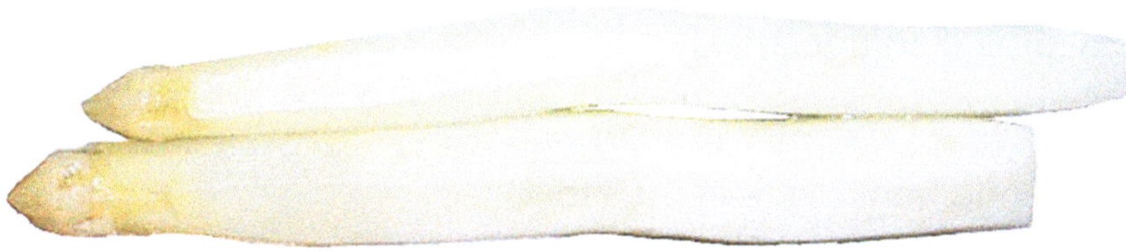

Hvide asparges
Salt
Sukker
1 spsk fløde
1 æggeblomme

Tilberedning

1
Gør aspargesene i stand og kog dem med salt og et nip sukker i vandet.
Kogetid: se forrige side (med rødt).

2
Smelt smør og rør det sammen med mel, lidt af kogevandet og en spsk fløde.

3
Rør til sidst en æggeblomme i, hæld saucen over aspargesene og server straks.

Gratineret asparges

To af mine yndlingsspiser er ost og asparges, og i denne nordtyske ret bliver de kombineret på den mest enkle og velsmagende måde. Überbackener Spargel spises i mange varianter, men denne opskrift er noget af det enkleste, meget nem og lækker. Den originale ost til denne ret er Bergkäse, men man kan uden problemer bruge en anden god, hård ost.

Ingredienser

Hvide asparges
Olivenolie
Hvidløg (kan udelades)
Salt
Peber
Flydende honning (kan udelades)
Revet ost

Jeg har ikke angivet mængder på ingredienser, for man kan variere dem efter forgodtbefindende.

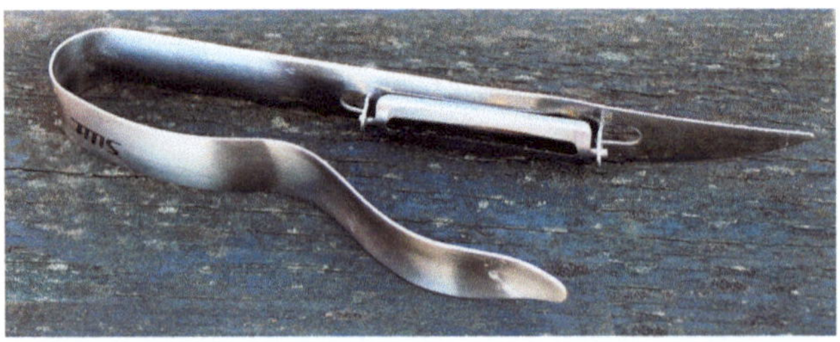

Aspargesskrællere fås i mange udgaver. Denne er nok den almindeligste, og den er effektiv, men man kan selvklart fint klare sig med en almindelig kartoffelskræller

Tilberedning

> *På en Tysklandstur var vi et smut over grænsen til Polen, og i byen Slubice var vi inde i en butik, der udover at handle med sprut og tobak tilbød tatoveringer og friskstukne hvide asparges!*

1
Læg aspargesene i et ildfast fad og hæld nogle striber olivenolie over dem.

2
Drys med salt og godt med friskkværnet peber.

3
Hak et eller to fed hvidløg over. Dette kan udelades. Jeg holder meget af hvidløg generelt, men jeg foretrækker faktisk denne ret uden, da hvidløg nemt dominere den fine aspargessmag.

4
Så skal der hældes flydende honning over. Honningen kan også udelades, men jeg synes nu, det er en fiks detalje.

5
Til sidst skal der rives godt med ost ud over retten.

6
Sæt fadet i ovnen ved 180° i 20 minutter. Osten skal være let smeltet og gylden.

Servering

Man kan enten spise dem, som de er eller drysset med hakket purløg og med en skive brød til.

Gratineret asparges med skinke

Skinke er en ingrediens, som ofte bruges sammen med asparges, og her er en ret, der laves næsten lige så enkelt som den gratinerede asparges. Den eneste forskel er, at inden aspargesene lægges i fadet, svøber man dem enkeltvis i en skive skinke.

... mere asparges

Beelitz ligger et halvt hundrede kilometer sydvest for Berlin, og i det område dyrkes efter manges mening verdens bedste asparges.
I DDR-tiden lå den industrille aspargesdyrkning lidt i dvale her, man dyrkede mest til eget forbrug, men nu er der igen kommet gang i den.
I 2013 var jeg til Spargelfest i Beelitz, og det var en utrolig oplevelse. Der var hornmusik, dans, optog, øl og vin, konkurrencer i aspargesskrælning og meget andet.

Her er et par billeder fra aspargesfesten i Beelitz i 2013. Til venstre ses årets Spargelkönigin 2013 i Beelitz, Michaela Kranepuhl.
Det er en stor ære at blive aspargesdronning.
Det er ikke nok at se sød ud, man skal blandt andet også have en tilkytning til asparges eller aspargesdyrkning, og man skal bidrage med en aspargesopskrift.
Andre steder holder de kirsebærfest med en kirsebærdronning, og jordbørdronninger, kartoffeldronninger støder man også på – og sikkert også mange andre dronninger.

Festlighederne varede i tre dage, og sluttede med en koncert lørdag aften med ingen ringere end Boney M. Jeg anede ikke, de stadig eksisterede, men der havde nu også været en kraftig udskiftning i besætningen, det var vist kun forsanger Liz Mitchell, som var med fra "gamle dage". Men lyden var helt som dengang.

Til højre ses en opsats med både grønne og hvide asparges.

Agurkesalat

Denne friske agurkesalat passer til alle former for stegt kød eller fisk.

Ingredienser

1 agurk
1 bundt dild
1 1/2 dl yogurt
1 tsk sennep
Salt

Tilberedning

1
Skær agurken i tynde skiver og læg dem i en skål med en masse hakket dild.

2
Rør yoghurten med sennep og salt og hæld dressingen over agurkerne.

Ansjospålæg

Ingredienser

Ansjoser
Blødt smør, dobbelt så meget som ansjoserne
1 citron
Grønt til pynt

Tilberedning

Mos ansjoserne og smørret sammen, smag til med godt med revet citronskal og drys med karse, hakket purløg, persille eller andet grønt.

Hackepeter

Mett er navnet på hakket svinekød, og denne populære ret kaldes Mettbrot, Mettbrötschen, Hackepeter og sikkert også andet. Den har været kendt siden 1903, og Hackepeter findes i flere varianter. Man fandt den ofte på frokostbordet og på buffetter i DDR, og nu kan man få den på mange cafeer, og flere steder kan man også købe dem færdiglavet hos bageren. Det er et hurtig, lille mellemmåltid, som fx serveres til børnefødselsdage og er populært blandt håndværkere, der lige snupper et par stykker til frokost.
Mange synes, det lyder lidt sært (og måske endda farligt) at spise råt hakket svinekød, men er det noget godt kød, synes jeg, det smager det fantastisk.

Ingredienser

Bröttchen (eller andet hvidt brød)
Hakket flæskekød
Løg
Salt
Peber
Purløg
Evt. hvidløg

Tilberedning

Hak løget fint og bland det i det hakkede svinekød med salt, peber og eventuelt 1 knust hvidløgsfed.

Servering

Del brødene, smør kødet på og pynt evt. med lidt purløg.

Variation

I stedet for at blande hakket løg i kødet, bruger man ofte at pynte det færdige brød med løgringe. Det ser måske mere festligt ud.

Bratwursthappen

Bratwursthappen kan bruges som forret, en frokostret eller bare, når man trænger til lidt godt – når som helst på dagen.

Ingredienser

4 Bratwürste eller grillpølser.
Mel
Smør
Æbler
Citronsaft
Paprika
4 spsk tomatketchup
Merian (tørret)
Lidt grønt til pynt

Tilberedning

1
Rør tomatketchuppen med masser af merian.

2
Skær pølserne i mindre stykker, vend dem i mel og steg dem i smørret.

3
Skræl æblerne, tag kernehuset ud og skær dem i tynde skiver.

4
Anret æblerne og pølserne på et fad, drys godt med paprika og hæld merian-ketchuppen hen over.

Tilbehør

Bratwursthappen serveres med rugbrød og smør og eventuelt med et grønt drys – og gerne med øl og måske en snaps til.

Currywurst

Currywurst eller Curry-Bratwurst er nærmest tysklands nationalret – overalt i Tyskland kan man få serveret en Currywurst. Det er en dejlig stor Bratwurst med en kraftig karry-sauce, ofte serveret med pommes-frites – "Pommes" – til.

Currywursten blev opfundet af Herta Heuwer i 1949. Herta Heuwer var født i Königsberg i 1913 (det nuværende Kaliningrad), og fra 1946 solgte hun Bockwürste og fiskebrød i Charlottenburg, Berlin. Det kedede hende lidt, men i 1949 købte hun en lille trækiosk for 45 Mark, og her undfangede hun en idé, der skulle blive en af Tysklands mest populære retter: "Spezial-Curry-Bratwurst". Det var en pandestegt Bratwurst med en kraftig, tyk, krydret sauce kaldet "Chillup" med blandt andet 10 forskellige indiske krydderier. Hendes opskrift holdt hun hemmelig, og da hun døde i 1999, tog hun opskriften med sig i graven – ikke engang hendes mand kendte den.
Kiosken lå på et hjørnet af Kaiser-Friedrich-Straße og Kantstraße. Det var tæt på busholdepladsen og et sted med mange forbipasserende.
I 1949 var Berlin naturligvis meget præget af krigen, og folk havde ikke så mange penge, så i stedet for en stor bøf, kunne man blive mæt af en velsmagende pølse. Man kaldte også Curry-Bratwurst for "fattigmandsbøf".

Curry-Bratwursten blev hurtigt en kæmpesucces. Herta Heuwer arbejdede 18 timer i døgnet, og snart fik hun en rigtig butik med 19 ansatte, og der blev serveret 10.000 pølser om ugen.
Hun blev ikke rigtig rig, men fik dog råd til et hus på Eichkatzweg 54 – med stor have og guldfiskedam.

I dag kan man få Currywurst alle vegne, og selv om ingen kendte den originale opskrift, er der mange lækre varianter. Der holdes konkurrencer i, hvem der kan lave den bedste Currywurst, og naturligvis dyster man også om, hvem der kan spise flest, og hvem, der kan spise hurtigst osv.

På muren, der hvor Herta Heuwers første lille kiosk lå, hænger der i dag en mindeplade opsat af hendes niece Birgitte Böhmer i 2003. Hun var med rette stolt af sin tante.

Jeg har fået meget forskellige udgaver af retten; hvis man søger efter en opskrift på nettet, får man myriader af forslag, og retten varieres lige så meget som vores frikadeller. Den dårligste, jeg har fået, var på en Tysklandsfærge, hvor det blot var en tyk ristet pølse med tomatpuré til, hvor der blev drysset karry på – men den på billedet herunder er nok den bedste, jeg mindes at have smagt. Den fik jeg i 2019 serveret i et løjerligt, lille ottekantet spisested i Zislow ved Plauer See i det nordlige Mecklenburg. Den var perfekt.

Nogle bruger ordet "pølsetysker" som et hånligt udtryk, men jeg anser det for et positivt og rosende ord – for med hensyn til pølser er Tyskland efter min mening klart toppen.

Hvis ikke jeg har fået en Currywurst og en stor, skummende fadøl, har jeg ikke været rigtigt i Tyskland.

Se opskriften på de næste sider. 

Som nævnt findes den originale opskrift ikke, men denne opskrift er blot mit bud på en dejlig karrysauce.
Man kan sagtens både undlade og tilføje ingredienser, så man får kreeret sin helt egen sauce.

Ingredienser

Gode, tykke pølser (Bratwurst, Bockwurst eller grillpølser)
Pommes frites (eller Brötchen)
1 tsk olivenolie
2 hakkede løg
1 knust hvidløgsfed
1 1/2 spsk karry
1 spsk paprika
1 drys stødt nellike
1 drys kanel
1 1/2 dl tomatpuré
1 spsk koncentreret tomatpuré
5-6 spsk kyllingefond
1 spsk æbleeddike eller vineddike
1 spsk honning
1 tsk Worcestershire sauce
1 tsk sukker
1 tsk sød sennep
Salt
Peber
Evt et drys cayennepeber

Tilberedning

Karrysaucen

Det er bedst at lave saucen dagen før, så den kan sætte sig.

1
Varm olien i en pande og steg løgene, til de bliver gennemsigtige. De må ikke brunes.

2
Tilsæt hvidløg og steg i et minut.

3
Tilsæt karry, paprika, nellike og kanel og steg i et minut.

4
Tilsæt de øvrige ingredienser (vær forsigtig med cayennepeber, da det er bidende stærkt), og lad det hele småsimre i et kvarter. Rør lidt i det.

5
Blend saucen og lad den afkøle helt.

6
Sæt saucen i køleskabet til næste dag, så smagen sætter sig.
Currysaucen kan opbevares i køleskab i op til en måned.

Pølserne

1
Pølserne bliver bedst, hvis de blancheres et par minutter før stegningen.

2
Giv evt. pølserne en række små snit med 3-4 cm mellemrum, så de ikke sprækker.

3
Steg eller grill pølserne. Det gælder om at opnå en tyk, brun, sprød overflade.
Hvis de pandesteges, skal der være godt med olie på panden.

Servering

1
Læg pommes frites på en tallerken.

2
Læg en pølse ved og hæld karrysaucen over og pynt med et drys karry.

3
Serveres normalt med pommes frites, men brød eller kartoffelmos kan bestemt også gøre det.

Kartoffelpuffer

Kartoffelpuffer findes i talrige varianter og går under mange navne som fx Kartoffelklitscher, Kartoffelplinsen og Reibekuchen. Det er kartoffelpandekager, og det er noget, som både børn og voksne holder meget af.

Ingredienser

Denne portion giver ca. 10-15 stykker

1,5 kg kartofler
2 æg
5 spsk mel
1–2 løg
Salt
Peber
Eventuelt revet muskat
Svinefedt (eller olie eller smør) til stegning

Forslag til tilbehør:
Sukker
Æblemos eller bærkompot
Salat

Tilberedning

1
Riv kartofler og løg. De kan enten være fint eller groft revne; det må man helt selv om.

2
Læg kartoffelløgmassen i en si og pres væden ud af den.

3
Tilsæt æg, mel, salt, peber og muskat og rør dejen grundigt sammen.

4
Kom godt med fedtstof på panden og fordel dejklatter af en størrelse, så der er fire, måske fem på en stor pande. Pres og glat dem, så de ikke bliver for tykke og overfladen ikke er for ujævn.

5
Steg dem ca. 4 minutter på hver side. De skal være brune i kanten, inden man vender dem.

Servering

6
Drys pufferne med sukker. Det er der dog nogle, der udelader.

7
Server med æblemos til. Æblemosen kan erstattes af blåbærkompot, rabarberkompot eller anden kompot.

8
Man kan også undlade sukker, mos og kompot og så bare spise en salat til.

Gulasch mit Pilzen

Pilzen betyder svampe i almindelighed, og til denne lækre svamperet kan bruges alle mulige svampe (altså spiselige), gerne forskellige slags. Store rørhatte som Carl Johan svampe, som på tysk hedder Steinpilze er meget velegnede, men almindelige champignoner kan sagtens bruges.

Ingredienser

600 g blandede svampe
500 g kartofler
2-3 løg
1/2 dl creme fraiche
1 spsk tomatpuré
1 tsk kommen
2 tsk paprika
Salt
Peber
Olie
Persille

Tilberedning

1
Skræl kartoflerne og skær dem i tern.

2
Hak løgene og svits dem i olien, tilsæt svampene skåret i skiver og lad det hele stege i ca. fem minutter, så er svampene begyndt at afgive væde.

4
Tilsæt kartoffeltern, tomatpuré, kommen, paprika, salt og peber.

5
Lad det hele stege i ca 20 minutter. Mærk, om kartoflerne er møre.

6
Umiddelbart inden serveringen røres creme fraichen i, og persillen drysses på.

Bauernroulade

Ingredienser

500 g hakket kalv og flæsk
1 æg
50 g brødkrumme eller rasp
2 tsk sennep
3 syltede agurker
6 skiver skinke
Smør
2 finthakkede løg
2 tsk tomatpurée
1/2 l bouillon
Salt
Peber

Tilberedning

1
Lav en fars af kød, æg, brødkrumme, sennep, salt og peber og del i seks dele.

2
Halver agurkerne og vikl en skive skinke uden om dem. Form farsen uden om rullerne, brun rouladerne godt på alle sider og læg dem i et smurt, ildfast fad.

3
Hak løgene fint og brun dem på panden sammen med tomatpuréen. Tilsæt bouillon, kog det godt igennem og hæld det over rouladerne.

4
Sæt fadet i ovnen ved 180° i en lille halv time, tag rouladerne op og smag evt. saucen til med mere salt eller peber.

Servering

Til rouladerne serveres kogte grøntsager og/eller kartofler.

Himmel und Erde

Denne ret stammer helt tilbage fra 1700-tallet, og enhver DDR-borger kendte den. Det pudsige navn, Himmel og jord, kommer af, at æblerne kom fra oven og kartoflerne kom fra neden. Retten har noget til fælles med den danske Brændende kærlighed, men her er blandt andet æbler med i spillet.
Himmel und Erde spises ikke som en ret, men som tilbehør til forskellige former for kød.

Ingredienser

1/2 kg kartofler
1/2 kg æbler
3 3/4 dl vand
Salt
1 spsk sukker
1 tsk eddike
150 g stegeflæsk
2 løg
1 spsk olie

Tilbehør

Det mest almindelige tilbehør til Himmel und Erde er Bratwurst eller stegte blodpølseskiver, men man serverer det også tit med stegt kalvelever til.

Tilberedning

1
Skræl kartoflerne og æblerne og skær dem i mindre stykker.

2
Bring vandet i kog og tilsæt kartofler, æbler, salt og sukker. Kog, til det er mørt. Mens det koger, gøres resten klar.

3
Skræl løgene og skær dem i mindre stykker, fx halve ringe.

4
Skær flæsket i små tern og steg det i olien, kom løgene ved og brun dem i stegefedtet.

5
Kom olie på panden og steg pølser eller skiver af blodpølse.

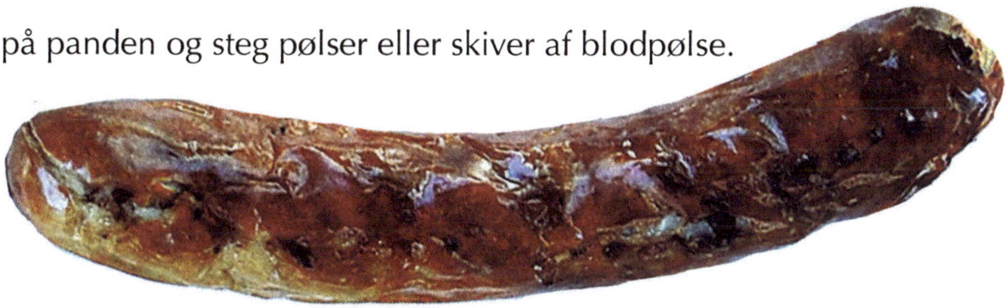

6
Når æbler og kartofler er godt møre, hældes kogevandet fra i en skål.

7
Mos kartofler og æbler og tilsæt kogevand lidt efter lidt, til konsistensen er passende.

8
Smag mosen til med 1 tsk eddike og lidt salt, og hvis det er nødvendigt 1 tsk sukker. Det kommer lidt an på, hvor syrlige æblerne er.

Anretning

Læg kartoffelmosen på tallerkenen, hæld løg-flæskeblandingen over og anret pølse eller blodpølse.

Tote Oma

Tote Oma betyder Død bedstemor, og det lyder jo ret dramatisk, men i DDR var befolkningen meget opfindsom med hensyn til at give madretterne spøjse kæle- og øgenavne. Retten, som findes i mange varianter, blev også kaldt for "Verkehrsunfall" – altså "færdselsuheld".
Problemet herhjemme er, at det ikke er til at opdrive hverken blodpølse eller sylte ud over ved juletid – det er "sæsonvarer". Det finder jeg nu temmelig mærkværdigt, for det smager da lige så godt resten af året.

Ingredienser

400 g blodpølse
100 g spæk
1 stort løg
Merian
Timian
Salt
Peber
Margarine (eller smør) til stegning

Tilberedning

1
Hak løget og og skær spæk og blodpølse i tern.

2
Brun smørret på en pande og steg spæk og løg, hvorefter blodpølsen tilsættes og der krydres med goddt med merian, timian, salt og peber.

3
Steg til det begynder at have en lettere sammenhængende konsistens.

Tilbehør

Tote Oma spises med kartoffelmos til, men man kan også bruge kogte kartofler eller Sauerkraut som tilbehør.

Sülzplatte

Denne enkle ret er en noget anderledes måde at få sylte på, end vi er vant til. Den er en hurtig forret – eller hvad med at skifte den traditionelle danske sylte til julefrokosten ud med denne? Kan man ikke lide sylte, så blad straks videre.

Ingredienser

200 g sylte
1-2 løg
1 bundt purløg
3 spsk eddike
3 spsk olie
1 tsk sennep
Salt
Peber
Revet peberrod
4 tomater
1 salathoved
En eller anden slags brød

1
Skær sylten ud i tern og snit løget i fine ringe.

2
Bland sylte, løg og klippet purløg sammen.

3
Læg sylteblandingen på et fad, olie olie og eddike sammen sennep og smag til med salt og peber.
4
Hæld dressingen over sylteblandingen og drys godt med revet peberrod over.

5
Anbring salatblade med tomatbåde rundt om.

6
Spis brød til.

Königsberger Klopse

Kaliningrad er den russiske enklave, der ligger klemt inde mellem Polen og Litauen. Det var en gammel hansestad og Østpreussens hovedstad, som fra 1255 til 1946 hed Königsberg. Den blev erobret af sovjetunionen i 1945, og året efter døbt om til Kaliningrad. Königsberger Klopse var en populær ret mange steder i østtyskland, men i DDR tiden var det forbudt at kalde denne ret Königsberger Klopse, så derfor kom den til at hedde Kochklops. Nu kan vi heldigvis igen kalde den ved sit rigtige navn.

Ingredienser

500 g hakket kalv og flæsk
2 æg
1 skive gammelt brød
Salt
Peber
1 spsk sennep
1 stor tsk kommen
Paprika
2 løg
4 spsk kapers
2 l vand
2 laurbærblade
5 hele peberkorn
5 hel allehånde

Til saucen
40 g smør
40 g mel
1 tsk eddike
1 tsk sukker

Pynt
Persille eller andet grønt

Tilberedning

1
Læg brødet i vand i nogle minutter.

2
Rør kød, opblødt brød og æg sammen og krydr med salt, peber, sennep, kommen og godt med paprika.

3
Hak det ene løg og tilsæt det sammen med de første 2 spsk kapers.

4
Skær det andet løg i mindre stykker.

5
Kom vandet i en gryde og bring det i kog med løg, laurbærblade, hele peberkorn og allehånde.

6
Form farsen til runde boller med hænderne, kog dem i 15 minutter og tag dem op af vandet.

7
Si kogevandet.

Sauce

8
Smelt smørret og pisk det godt sammen med melet.

9
Tilsæt kogevandet lidt ad gangen, til den er tilpas tyk.

10
Tilsæt de sidste 2 spsk kapers og smag til med salt, peber, eddike og sukker.

Servering

Serveres med kogte kartofler til og et drys persillebuketter eller andet grønt.

Jägerschnitzel

I Berlin har de lige over for domkirken i forbindelse med et yderst spændende museum om DDR lavet en DDR-restaurant, Domklause. Min kone og jeg besøgte restauranten og skulle prøve rigtig DDR-mad. Det er veltillavet mad, men det meste af maden havde mere kulturhistorisk end kulinarisk interesse. I mangel af kalve- og flæskekød til schnitzler lavede de en Jägerschnitzel af jagtpølse. Se billedet. En sådan spiste fruen, mens jeg mæskede mig med en ret ordinær Falscher Hase – en falsk hare, som naturligvis er det, vi kalder forloren hare.

Ingredienser

4 skiver jagtpølse på ca. 1 cm tykkelse
1 æg
Mel
Rasp
Salt
Peber
Paprika
Fedtstof til stegning

Tilberedning

1
Fjern skindet fra pølsen og drys med salt og peber.

2
Paner skiverne – først i mel, så sammenpisket æg og til sidst rasp med paprika.

3
Steg skiverne langsomt i rigeligt fedtstof.

Servering

Jägerschnitzlen serveres med nudler og tomatsauce til (se billedet), men kartoffelmos eller blot kogte kartofler passer også fint dertil.

Jägerschnitzel

Jägertatar

Ingredienser

Jagtpølse
Fedtstof til stegning

Tilberedning

Hak pølsen fint, form det som hakkebøffer og steg dem – og vupti: Jägertatar.

Servering

Serveres med brød samt øl og snaps.

Schwalbennester

Schwalbennester eller svalereder har ikke noget med rigtige svalereder at gøre, men når man skærer dem over, kan de godt minde lidt om en rede.
Det var en meget populær ret mange steder i DDR. Det er en oplagt påskeret, men den kan sådan set spises hele året.

Ingredienser

4 skinkeschnitzler
8-12 stykker spegeskinke
Salt
Peber
Paprika
4 hårdkogte æg
Smør til stegning
2 dl creme fraiche
Kartofler eller ris

Tilberedning

1
Kog æggene til de er hårdkogte.

2
Bank schnitzlerne store og flade og drys med salt, peber og paprika.

3
Læg en skive skinke og derpå et hårdkogt æg på hver schnitzel.

4
Rul dem stramt sammen og hold rullerne sammen med kødnåle eller snor.

5
Drys med salt, peber og paprika på ydersiden og brun schnitzlerne grundigt på alle sider.

6
Tilsæt champignoner i skiver og tomater i mindre stykker. Tilsat creme fraiche og lad det stå og småstege omkring et kvarter.

Servering

Hæld sucen i et fad, skær svalederne midt over, så ægget åbenbares. Anbring svalederne dokorativt i saucen og server ris eller kartofler til. Svalederne kan også tallerkenanrettes som vist på billedet til venstre.

Frokostvariation

Man kan også servere en "lightudgave", hvor man undlader champignoner og tomater og blot serverer svalederne med en skive brød til.

Berliner Hoppelpoppel

Berliner Hoppelpoppel er en traditionel ret, der faktisk er en urban udgave af Bauernfrühstück, som man får overalt i østtyskland. Der er lidt biksemad og lidt æggekage over den, og den smager aldeles vidunderligt. Det er oplagt ret at variere med, hvad man nu har af rester, så man møder den i mange varianter.

Ingredienser

6-10 kogte kartofler
Smør eller olie
2 hakkede løg
1 hakket grøn peberfrugt
12-14 skiver salami
4 æg
2 spsk hakket persille
2 spsk mælk
Pickles
Rugbrød eller groft brød

Tilberedning

1
Skær de kogte kartofler i skiver og steg dem i smør eller olie, til de begynder at blive brune i kanten.

2
Tilsæt hakket løg, salami og grøn peber og fortsæt stegningen, til kartofler og salami begynder at blive sprøde og grøntsagerne er møre.

3
Pisk æggene sammen med hakket persille og mælk, hæld blandingen over de stegte ingredienser og rør lidt i det.

4
Når æggemassen så småt begynder at sætte sig, skal der lægges låg på panden. Lad det stå ved svag varme i 6-7 minutter, til æggemassen er blevet mere fast, men den skal stadig være lidt fugtig.

Servering

Oftest serverer man Hoppelpoppel med pickles og rugbrød eller andet groft brød til, men jeg har såmænd også stødt på retten med en tomatsalat til. Det var nu efter min mening ikke nødvendigt.

Jeg kan ikke forestille mig andet end at drikke øl til.

Hitler skulle i øvrigt have været meget glad for Hoppelpoppel, men det skal man jo ikke lægge denne solide ret til last.

Krawallkuchen

Krawall betyder oprør eller slagsmål, men Krawallkuchen er en vidunderlig bradepandekage, som er ganske fredelig, med mindre nogle begynder at slås om den, for den smager dejligt,
Der skal bruges mange ingredienser, men kagen er ganske nem at lave, og det er umagen værd, for den vækker med garanti jubel.

Ingredienser

Til dejen:

200 g sukker
250 g mel
150 g smør
2 æg
2 dl creme fraiche
2 tsk vanillesukker
1 tsk natron
1/2 tsk bagepulver
3 spsk kakao
3-4 spsk mælk

Til toppingen:

150-200 g vanillekiks
100 g kogechokolade
100 g nødder eller mandler
250 g kokosfedt eller palmin
6 spsk flormelis
3 spsk kakao
2 æg
3 spsk mælk

Tilberedning

1
Rør en dej af alle ingredienserne bortset fra mælken.

2
Når dejen er rørt meget grundigt tilsættes lidt mælk lidt efter lidt, så dejen bliver lind, men endelig ikke flydende.

3
Læg dejen i en bradepande og bag den ved 180° i 15-20 minutter.
Mærk efter med en strikkepind, om den er gennembagt og lad den køle af, medens toppingen laves.

4
Bræk kiksene i små stykker og hak nødderne groft.
Man kan bruge valnødder, hasselnødder og mandler efter behag.

5
Hak chokoladen og bland kiks, nødder/mandler og chokolade godt sammen.

6
Smelt palminen ved svag varme og lad den køle lidt af.

7
Tilsæt flormelis og kakao og rør det omhyggeligt.

8
Pisk æg og mælk i og bland kiks-chokolade-nøddeblandingen i.

9
Spred toppingen ud over kagen, og når den er stivnet, er en dejlig Krawallkuchen klar til servering.

Små æblekager

Disse kager hedder Apfelkekse, og Kekse oversættes med kiks eller småkager, men disse dejlige kager er ikke det, vi forstår ved kiks, og de er lidt store til at kaldes småkager.

De kan minde lidt om de engelske scones, og de er under alle omstændigheder lækre og desuden velegnede til at fryse ned.

Ingredienser

2 æg
1 tsk vanillesukker
1 nip salt
100 g sukker
100 g blødt smør
1 stor tsk bagepulver
350 g mel
3 æbler
1 tsk kanel
Flormelis

Tilberedning

1
Pisk æggene sammen med vanillesukker og salt.

2
Kom sukker i og pisk igen.

3
Kom det bløde smør i og pisk igen.

4
Bland bagepulver i melet lidt ad gangen. Rør til dejen bliver helt jævn.

5
Skræl æblerne og tag kernehusene ud. Skær dem i både eller tynde skiver og hak dem meget groft.

6
Bland æblerne i dejen og rør det hele meget grundigt sammen. Det kan være lidt tungt at arbejde med, så hænderne skal måske tages til hjælp.

7
Læg dejen med en spiseske på en bageplade. Ret dem til med våde fingre og juster faconen så det bliver runde halvkugler.

8
Bag kagerne ved 180° i 15-20 minutter. Kig til dem efter 15 minutter.

9
Bland flormelis med kanel og si det ud over kagerne, lige når de er taget ud.

Windbeutel

På dansk kender vi ordet vindbøjtel, som er en opblæst person og en, der skifter mening, som vinden blæser. Ordet kommer af det tyske Windbeutel, som bestyder en pung fyldt med luft, og det er netop en luftfyldt vandbakkelse, det drejer sig om. Denne opskrift er en meget luksuriøs udgave af en Windbeutel, som jeg fik serveret i den lille by Teterow i Mecklenburg.

Ingredienser

Vandbakkelsesdej:
1/4 l vand
1/2 dl øl
150 g mel
3 æg
1 knivspids bagepulver
1 nip salt

Fyld:
1/4 l piskefløde
30 g sukker
1 tsk vanillesukker

Tilbehør:
Is
Kirsebærsauce

Tilberedning

1
Kog vandet op med øl og salt.

2
Drys melet i under rask omrøring, så der ikke kommer klumper.

2
Tag det af ilden, lad det køle af.

3
Tilsæt bagepulver og rør æggene i et ad gangen til en glat dej.

4
Fyld dejen i en sprøjtepose og sprøjt kugler ud på en bageplade.

5
Bag dem i ovnen ved høj varme og skrue efterhånden ned for varmen. Bag til de er gennembagt.

Servering

1
Åbn vandbakkelserene.

2
Pisk flødeskummet og fyld det i vandbakkelserne.

3
Varm kirsebærsaucen op.

4
Læg en klump is ved siden af den fyldte Windbeutel og overhæld med kirsebærsaucen.

Eier-Likör

Eugen Verpoorten havde et destilleri i Antwerpen i Belgien, men slog sig i 1876 ned i Heinsberg i Nordrhein-Westfalen. Han opfandt æggelikøren, der er en videreudvikling af en drik, som Tupo-indianerne i Amazonas lavede af avocadoer. Men i Europa var det ikke rigtigt til at dyrke avocadoer, så Verpoorten fandt på at lade æg være grundingrediensen i sin likør, og det blev til en dejlig drik. Efter første verdenskrig flyttede han i 1920 fabrikken til Berlin, da Rhinlandet var besat af Frankrig. Efter endnu en verdenskrig flyttede han i nogle år til Straubing, men i 1952 byggede han det nuværende hovedsæde i Bonn, og fabrikken har nu produceret æggelikør i fem generationer.
I 1960 fandt den daværende ejer, Victor Verpoorten, på en omskrivning af en populær slager, "Ay, ay, ay, Maria – Maria von Bahia", som Peter Kraus indsang på plade med teksten "Ei, ei, ei Verpoorten, ob hier ob allerorten", og den var medvirkende til æggelikørens popularitet i de næste årtier.
I DDR lavede mange deres egen æggelikør, og det er slet ikke svært.

Ingredienser

8 æggeblommer
250 g flormelis
3 1/2 dl kaffefløde
1 tsk vanillesukker
2 1/2 dl rom

1
Pisk æggeblommerne med flormelis og vanillesukker.

2
Tilsæt fløde og rom og pisk igen.

3
Varm det hele op i vandbad under stadig omrøring.
Det må for alt i verden ikke koge.

4
Hæld på flaske og afkøl. Opbevares i køleskab.

Eier-Kaffee

Eier-Kaffee og Blonder Engel er begge et par dejlige drikke med æggelikør.

Ingredienser

1god stærk kaffe
1 snapsglas æggelikør pr. person
Flødeskum
Kakao

Tilberedning

1
Hæld kaffen i kopperne og læg en pæn klat flødeskum på hver.

2
Hæld æggelikøren forsigtigt ud over flødeskumet.

3
Drys med lidt kakao og server.

Blonder Engel

Ingredienser

4 cl æggelikør
Sekt (fx Rotkäpchen)

Tilberedning

Hæld æggelikøren i et long drink glas, fyld op med sekt og rør rundt.

Rotkäppchen er en sekt, som var og er uhyre populær. Den fås både i hele flasker og i små 20 cl flasker, og så er det så originalt, som det kan blive. Man skal ikke længere væk end til grænsebutikkerne for at få den.

Mecklenburger Nicholaschka

Den originale Nicholaschka drikkes i både øst- og vestttyskland, og det er typisk en drink, man tager efter maden – altså det, man i Frankrig kalder en digestif, men Mecklenburger Nicholaschka kan man indtage når som helst til en frokost, og mange bruger den som aperitif.
Den oprindelige Nicholaschkas ingredienser er Cognac, citron, og flormelis, men opfindsomme Mecklenburgere opfandt denne ret specielle variant, som vi kaster os ud i nu.
Jeg var noget skeptisk, da jeg hørte om den første gang, men heldigvis smagte jeg den og var begejstret. Jeg serverer den gerne til jule- og påskefrokoster, men jeg må indrømme, at halvdelen af selskabet på det kraftigste siger nej tak, men den anden halvdel svælger den med stor fryd.

Ingredienser

4 cl Korn
1 skive leverpølse til hver person
God stærk sennep

Fakta om Korn

Korn er brændevin lavet af korn, oftest rug eller hvede.
En Korn er på mindst 32%. Hvis den er 37,5%, hedder den Kornbrand og når vi passerer 38%, kaldes den Doppelkorn.

Tilberedning

1
Skænk en snaps til hver i et ikke for lille snapsglas.

2
Smør sennep på leverpølseskiverne og læg en skive som låg på hver snaps.

Servering

Jeg har altid haft en svaghed for drinks, hvortil der hører en eller anden form for ritual, og det kan man godt sige om Mecklenburger Nicholaschka.
Tag fat i pølsen med tænderne, træk den ind i munden, hæld snapsen indenbords, gnask på det hele og synk.

Pillkaller

Pillkaller er en østpreusisk variant af Mecklenburger Nicholaschka.
Den stammer fra Pillkallen, som er et område i Kaliningrad, det tidligere Königsberg.
Pillkallen var åbenbart et lystigt område, for et lille rim siger:

> *Es trinkt der Mensch, es säuft das Pferd.*
> *In Pillkallen ist es umgekehrt.*

Oversat: Mennesker drikker, heste slubrer i sig,
i Pillkallen er det omvendt.

Pillkaller kaldes også for Machandel Pillkaller.
Machandel er et dialektord for enebær, så det er en enebærsnaps, der bruges.
Gin er jo lavet med enebær, så det er altså gin, vi skal have fat i, og gin var noget man producerede meget af i DDR.
Vi skal også bruge sennep, som på almindeligt tysk hedder *Senf*, men på nordøsttysk dialekt, og dermed også i Pillkallen, kaldes det *Mostrich*, som næsten minder om engelsk: *mustard* og fransk: *mutarde*.

Ingredienser

Som til Mecklenburger Nicholaschka blot med gin i stedet for snaps.

Tilberedning og servering

Ganske som Mecklenburger Nicholaschka.

> *Nach dem fünften ist die Welt nicht mehr mau und mies,*
> *alles sieht so festlich aus wie im Paradies.*

Oversat: Efter den femte er verden ikke længere grå og trist,
alt ser så festligt ud som i paradis.

Möwenschiss

Denne drik er endnu en variant af Nicholaschka, der hedder Möwenschiss – altså Mågelort (undskyld sproget, men det hedder den altså).
Her bruger man sennep på en skive salami i stedet for leverpølse, og så har vi jo løst problemet for dem, der ikke kan lide leverpølse.

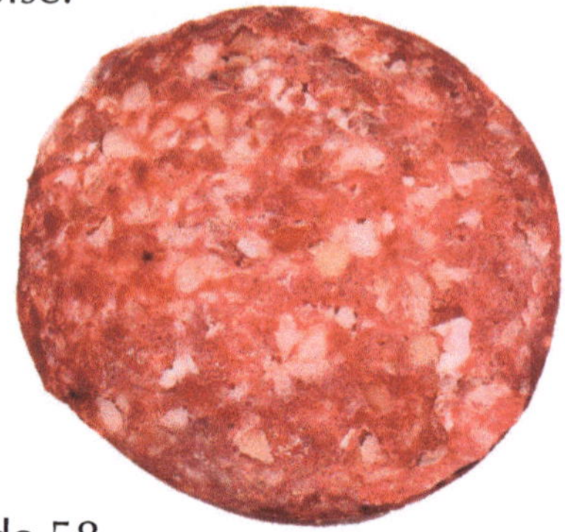

Ingredienser

4 cl Korn
1 skive salami til hver
Sennep

Tilberedning og servering

Fuldstændig som Mecklenburg Nicholaschka på side 58.

Schlappschwanz

En Schlappschwanz smager forbløffende godt, og ydermere skulle den være god mod tømmermænd.

Ingredienser

1 sardel til hver
Snaps (Korn)

Tilberedning og servering

Lad en sardel hænge ud over glassets kant og indtag drikken på samme måde som Mecklenburg Nicholaschka på side 58.

Koks

Første gang, jeg blev præsenteret for Koks, var i Berlin i 1961 af nogle friske, unge tyskere. Det var kort før muren blev bygget. Jeg tror, det var en lokal discountudgave for studerende, for det var blot Weinbrand med et stykke hugget sukker, men vi drak det med endog stor fornøjelse. En dårlig Weinbrand kan godt være lidt sprittet i smagen, så der kan et stykke sukker nok have sin berettigelse. Koks udtales i øvrigt på tysk [k'oks] og ikke som på dansk [kʌks].

Men her er opskriften på en rigtig Koks.

Ingredienser

1 glas Weinbrand
1 stk hugget sukker
3 hele kaffebønner

Servering

1
Hæld Weinbrand i et glas.

2
Læg hugget sukker og kaffebønner i.

3
Vent til sukkeret så småt begynder at blive opløst og slyng så det hele ind i munden, gnask og guml på det og synk det langsomt.

Fakta om Weinbrand

Weinbrand er et destillat af druer, som er lagret på fad i mindst seks måneder, og det er Tysklands svar på den franske Cognac.
Indtil 1921 brugte man ordet Kognak.
En *Weinbrand* skal være på mindst 36%.
Deutscher Weinbrand skal være på mindst 38%.

Grüne Wiese

Denne long drink hedder Grüne Wiese (grønne eng) og kan ikke undværes i en bog om mad og drikke fra DDR. Det var måske den allermest populære drink, men ikke før 1972, for indtil da var farven blå forbudt i fødevarer. Man betragtede alt blåt for giftigt, så Blå Curacao, som er en væsentlig ingrediens, var altså forbudt i bartendernes sortiment. Efter 1972 blev drinken hurtigt udbredt og Grüne Wiese var det helt store hit på ethvert diskotek.
Den er meget enkel at lave og er meget forfriskende.

Ingredienser

4 cl Blå Curacao
1,6 dl appelsinsaft
4 cl sekt (fx Rotkäppchen. Se side 57)
1 appelsin

Tilberedning

1
Fyld nogle isklumper i et longdrinkglas.

2
Hæld 4 cl blue curacao over.

3
Tilsæt appelsinsaften. Det er selvfølgelig lækrest med friskpresset saft.

4
Hæld 4 cl sekt over – mest for at give lidt kriller.

Servering

Anbring en skive appelsin på glassets kant og server med sugerør.
Kan også pyntes med et cocktailbær.

Mine Østtyske livretter er den anden bog i Forlaget Cornelias serie af kogebøger. Den første hedder *Mine franske livretter*.
Den udkom i 2018 og er en lang række opskrifter fra alle egne af Frankrig.

Register

Agurkesalat 27
Asparges 22
Asparges med skinke 23
Asparges med smørsauce 25
Ansjospålæg 27
Apfelkekse 52

Bagt blomkål 21
Bauernroulade 37
Berliner Hoppelpoppel 48
Bismarckbrot 11
Bicmarckhering 10
Bismarksild 10
Blonder Engel 57
Bratwursthappen 29

Currywurst 30

Eier-Kaffee 57
Eier-likör 56

Gratineret asparges 24
Gratineret fisk 16
Grüne Wiese 62
Gullasch mit Pilze 36
Gurkenjoghurt-Cocktail 7
Gurkensalat 27

Hackepeter 28
Himmel und Erde 38
Hvidløgsbrød 9

Jägerschnitzel 44
Jägertatar 45

Kartoffelpuffer 34
Koks 61
Königsberger Klopse 42
Krawallkuchen 50
Kyllingelever m. hvidvin 20

Marineret røget makrel 13
Mecklenburger Nicholaschka 58
Mettbrot 28
Möwenschiß 60

Nicholaschka 58

Pillkaller 59

Schlappschwanz 60
Schwalbennester 46
Seemannsfrüstück 12
Selleriesalat 18
Sennepssauce 14
Små æblekager 52
Snack med syltet agurk 6
Soljanka 8
Sülzplatte 41
Svalereder 46
Svampegullasch 36

Tote Oma 40

Warnemündekuller 1
Windbeutel 54